Die Revolution unserer Zeit
Zeit
KI

Samuel Grazia

ISBN:979-8-33368-066-2

WIDMUNG

Dieses Buch widme ich all jenen, die unermüdlich daran arbeiten, die Zukunft durch Wissenschaft und Technologie zu gestalten.

Besonderer Dank gilt meiner Familie und meinen Freunden für ihre beständige Unterstützung und Ermutigung. Eure Motivation und euer Glaube an mich haben dieses Buch erst möglich gemacht.

Für alle, die die Neugier und den Mut haben, die Welt durch die Linse der Künstlichen Intelligenz zu erkunden – möge dieses Buch eine Inspiration und ein Begleiter auf eurem Weg sein.

INHALT

DANKSAGUNG

Am Anfang dieses Buches möchte ich die Gelegenheit nutzen, all jenen zu danken, die zu seiner Entstehung beigetragen haben.

Zunächst einmal danke ich den vielen Wissenschaftlern und Forschern im Bereich der Künstlichen Intelligenz, deren bahnbrechende Arbeiten die Grundlage für dieses Buch bilden. Ohne ihre Hingabe und Innovationen wäre es nicht möglich gewesen, die faszinierende Welt der KI so umfassend darzustellen.

Mein Dank gilt auch den zahlreichen Experten, die mir wertvolle Einblicke und Informationen zur Verfügung gestellt haben. Ihre Expertise hat dazu beigetragen, die komplexen Themen in diesem Buch verständlicher zu machen.

Nicht zuletzt danke ich Ihnen, liebe Leserinnen und Leser. Ihre Neugier und Ihr Interesse an der Künstlichen Intelligenz sind die treibenden Kräfte hinter diesem Werk. Ich hoffe, dass dieses Buch Ihnen wertvolle Einblicke in die Welt der KI vermittelt und Sie inspiriert, sich weiter mit diesem faszinierenden Thema zu beschäftigen.

Vielen Dank für Ihre Unterstützung und Ihr Vertrauen.

Viel Spaß beim Lesen!

EINLEITUNG

Bedeutung von Künstlicher Intelligenz in der modernen Welt

Die Welt, wie wir sie kennen, steht vor einem dramatischen Wandel. Künstliche Intelligenz (KI) ist längst nicht mehr nur ein Thema für Wissenschaftler und Technologen; sie dringt in nahezu jeden Aspekt unseres Lebens ein. Von selbstfahrenden Autos über medizinische Diagnosegeräte bis hin zu personalisierten Lernsystemen – die Anwendungsgebiete von KI sind vielfältig und ihre Auswirkungen tiefgreifend.

KI hat das Potenzial, viele Bereiche unseres täglichen Lebens zu revolutionieren. Sie ermöglicht es, Prozesse zu automatisieren, Entscheidungen zu optimieren und neue Erkenntnisse aus großen Datenmengen zu gewinnen. Dieser Fortschritt verspricht nicht nur Effizienzsteigerungen, sondern auch Innovationen, die bisher undenkbar waren.

Was ist Künstliche Intelligenz?

Künstliche Intelligenz ist ein Teilgebiet der Informatik, das sich mit der Entwicklung von Systemen beschäftigt, die menschenähnliche Intelligenz zeigen. Diese Systeme sind in der Lage, Aufgaben zu erfüllen, die normalerweise menschliche Intelligenz erfordern, wie das Erkennen von Mustern, das Lernen aus Erfahrungen und das Treffen von Entscheidungen.

Historischer Kontext

Die Idee der Künstlichen Intelligenz ist nicht neu. Bereits in den 1950er Jahren begannen Wissenschaftler und Forscher, Maschinen zu entwickeln, die in der Lage sind, menschenähnliche Aufgaben zu erfüllen. Einer der ersten und bekanntesten Pioniere auf diesem Gebiet war Alan Turing. Seine Arbeit legte die Grundlagen für die moderne Informatik und beeinflusste die weitere Entwicklung der KI maßgeblich.

Die ersten Jahrzehnte der KI-Forschung waren von großen Hoffnungen und gelegentlichen Enttäuschungen geprägt. In den 1980er Jahren führten Fortschritte in der Rechenleistung und der Entwicklung von Algorithmen zu einem erneuten Interesse an der KI. Heute, im Zeitalter des maschinellen Lernens und der Big Data, erlebt die KI eine beispiellose Renaissance.

Die Rolle der KI in verschiedenen Sektoren

KI ist nicht auf eine Branche beschränkt. Ihre Anwendungen sind breit gefächert und reichen von der Landwirtschaft über die Luftfahrt bis hin zur Bildungsbranche. In der Landwirtschaft revolutioniert KI die Art und Weise, wie Felder bewirtschaftet werden. Präzisionslandwirtschaft, unterstützt durch Drohnen und KI-gestützte Analysen, ermöglicht es Landwirten, genaue Informationen über Bodenqualität, Feuchtigkeitsgehalt und Pflanzenwachstum zu erhalten. Dies führt zu effizienteren Anbaumethoden und höheren Erträgen bei gleichzeitiger Reduzierung des Ressourcenverbrauchs.

In der Luftfahrt spielt KI eine entscheidende Rolle bei der Wartung und Sicherheit von Flugzeugen. Predictive Maintenance, also die vorausschauende Wartung, nutzt KI-Algorithmen, um den Zustand von Flugzeugteilen zu überwachen und potenzielle Probleme zu identifizieren, bevor sie auftreten. Dies minimiert Ausfallzeiten und erhöht die Sicherheit. Darüber hinaus unterstützt KI die Flugplanung und -optimierung, was zu Treibstoffeinsparungen und effizienteren Flugrouten führt.

Im Bildungswesen ermöglicht KI personalisierte Lernumgebungen, die sich an die individuellen Bedürfnisse der Schüler anpassen. Intelligente Tutoren und adaptive Lernplattformen bieten maßgeschneiderte Unterstützung und Feedback, wodurch das Lernen effektiver und zugänglicher wird.

Chancen und Herausforderungen

Während die Chancen, die KI bietet, immens sind, gibt es auch erhebliche Herausforderungen. Eine der größten ist die ethische Nutzung von KI. Wie können wir sicherstellen, dass KI-Systeme fair, transparent und verantwortungsbewusst eingesetzt werden? Eine weitere Herausforderung ist die Arbeitsplatzsicherheit. Viele Menschen befürchten, dass KI ihre Arbeitsplätze überflüssig machen könnte.

Dieses Buch soll einen umfassenden Überblick über die Entwicklung, die aktuellen Anwendungen und die zukünftigen Perspektiven der Künstlichen Intelligenz geben. Es beleuchtet die Chancen und Risiken, die mit dieser Technologie einhergehen, und bietet fundierte Analysen darüber, welche Berufe und Sektoren davon profitieren könnten und welche weniger.

Lassen Sie uns gemeinsam in die faszinierende Welt der KI eintauchen und herausfinden, wie sie unsere Zukunft gestalten wird.

DIE ENTWICKLUNG DER KI

DIE ANFÄNGE DER KÜNSTLICHEN INTELLIGENZ

Die Geschichte der Künstlichen Intelligenz beginnt in den frühen 1950er Jahren, als der britische Mathematiker und Informatiker Alan Turing den Grundstein für das moderne Verständnis von maschinellem Denken legte. In seinem wegweisenden Aufsatz „Computing Machinery and Intelligence" stellte Turing die provokative Frage: „Können Maschinen denken?" Um diese Frage zu beantworten, entwickelte er den berühmten Turing-Test.

Der Turing-Test, ursprünglich als „Imitation Game" bekannt, sollte herausfinden, ob eine Maschine in der Lage ist, menschenähnliche Intelligenz zu zeigen. In diesem Test kommuniziert ein menschlicher Prüfer schriftlich sowohl mit einem Menschen als auch mit einer Maschine, ohne zu wissen, wer wer ist. Wenn der Prüfer nach einer Reihe von Fragen nicht zuverlässig zwischen Mensch und Maschine unterscheiden kann, gilt die Maschine als intelligent. Turings Konzept war revolutionär und stellte die damaligen Vorstellungen von Intelligenz und Bewusstsein infrage.

Frühe Entwicklungen und Meilensteine

Die frühen Jahre der KI-Forschung waren geprägt von Enthusiasmus und ambitionierten Zielen. 1956 fand die Dartmouth-Konferenz statt, die als Geburtsstunde der KI gilt. Hier prägten John McCarthy, Marvin Minsky, Nathaniel Rochester und Claude Shannon den Begriff „Künstliche Intelligenz" und legten die Grundlagen für die weitere Forschung. In den folgenden Jahrzehnten gab es mehrere bedeutende Fortschritte. In den 1950er und 1960er Jahren konzentrierte sich die Forschung auf die Entwicklung von Algorithmen für Problemlösung und Spieltheorie sowie auf die ersten Expertensysteme, die spezifisches Wissen aus einem Bereich anwenden konnten.

Die 1970er und 1980er Jahre waren die Ära der wissensbasierten Systeme. Ein bedeutendes Beispiel ist das Expertensystem MYCIN, das in den 1970er Jahren entwickelt wurde, um medizinische Diagnosen zu stellen. MYCIN war eines der ersten Systeme, das spezifisches medizinisches Wissen nutzte, um Ärzte bei der Diagnose und Behandlung von bakteriellen Infektionen zu unterstützen. Ein weiteres Beispiel aus dieser Zeit ist die Einführung der Programmiersprache Prolog, die speziell für die KI-Programmierung entwickelt wurde. Trotz dieser Fortschritte erlebte die KI-Forschung auch Rückschläge, bekannt als die „KI-Winter". Diese Perioden waren durch überzogene Erwartungen und enttäuschende Ergebnisse geprägt, die zu einem Rückgang der Finanzierung und des Interesses an der KI führten. Trotzdem setzten viele Forscher ihre Arbeit fort und legten die Grundlage für zukünftige Durchbrüche.

In den 1990er und 2000er Jahren rückte das maschinelle Lernen und die Entwicklung neuronaler Netze in den Fokus. Ein bedeutender Meilenstein war der Sieg des Computers Deep Blue von IBM (International Business Machines Corporation) über den Schachweltmeister Garry Kasparov im Jahr 1997. Dies demonstrierte die Fähigkeit von Computern, hochkomplexe Aufgaben zu bewältigen.

Moderne KI: Big Data und Deep Learning

Mit der zunehmenden Verfügbarkeit von großen Datenmengen und der Entwicklung leistungsfähigerer Computer erlebte die KI ab den 2010er Jahren eine beispiellose Renaissance. Das Aufkommen von Deep Learning, einer Technik des maschinellen Lernens, die auf tiefen neuronalen Netzen basiert, führte zu beeindruckenden Fortschritten in

Bereichen wie Spracherkennung, Bildverarbeitung und autonomen Systemen.

Im Jahr 2011 machte IBM Watson Schlagzeilen, als das KI-System die besten menschlichen Spieler in der Quiz-Show „Jeopardy!" besiegte. Ein Jahr später, 2012, erzielte ein neuronales Netz, entwickelt von Alex Krizhevsky, Ilya Sutskever und Geoffrey Hinton, einen Durchbruch im Bildverstehen, indem es den ImageNet-Wettbewerb mit einem erheblichen Vorsprung gewann. 2016 erreichte die KI einen weiteren Meilenstein, als AlphaGo von DeepMind den weltbesten Go-Spieler, Lee Sedol, in einer historischen Serie von Spielen besiegte.

Wichtige Persönlichkeiten und Forscher

Die Geschichte der KI ist geprägt von zahlreichen brillanten Köpfen, die durch ihre Beiträge das Feld vorangebracht haben. Alan Turing gilt als Begründer der modernen Informatik und KI. John McCarthy prägte den Begriff „Künstliche Intelligenz" und entwickelte die Programmiersprache LISP. Marvin Minsky war ein Pionier der KI-Forschung und Mitbegründer des MIT Media Lab. Geoffrey Hinton, ein Wegbereiter des Deep Learning und neuronaler Netze, trug wesentlich zu den aktuellen Fortschritten in der KI bei.

Die Zukunft der KI

Die Entwicklung der KI steht erst am Anfang. Zukünftige Fortschritte in Bereichen wie Quantencomputing, fortgeschrittenen neuronalen Netzen und menschlicher Interaktion versprechen, die Möglichkeiten der KI weiter zu erweitern. Dabei wird es entscheidend sein, die ethischen und gesellschaftlichen Implikationen im Auge zu behalten, um eine verantwortungsvolle und faire Nutzung dieser mächtigen Technologie zu gewährleisten.

Aktuelle Anwendungen in der Praxis

Künstliche Intelligenz hat in den letzten Jahren eine beeindruckende Entwicklung durchlaufen und findet mittlerweile in vielen Bereichen des täglichen Lebens Anwendung. Dieses Kapitel beleuchtet einige der wichtigsten und praxisnahen Anwendungen von KI in verschiedenen Sektoren.

Medizin

Die Medizin ist ein Bereich, der durch KI revolutioniert wird. Von der Diagnose bis zur Behandlung bietet KI zahlreiche Möglichkeiten, die Gesundheit und das Wohlbefinden der Menschen zu verbessern.

Radiologische Diagnostik

KI-Algorithmen können Röntgenbilder, MRT-Scans und andere medizinische Bildgebungen analysieren und dabei Muster und Anomalien erkennen, die menschlichen Ärzten möglicherweise entgehen. Zum Beispiel hat das Unternehmen Zebra Medical Vision ein KI-System entwickelt, das Röntgenbilder analysiert und mit einer Genauigkeit von über 90 % Krankheiten wie Brustkrebs, Lungenentzündungen und Wirbelsäulenfrakturen diagnostiziert. Diese Systeme sind nicht nur schnell, sondern auch äußerst präzise, was die Früherkennung und Behandlung von Krankheiten erheblich verbessert.

Personalisierte Medizin

Durch die Analyse genetischer Informationen und medizinischer Daten können KI-Systeme personalisierte Behandlungspläne erstellen. IBM

Watson for Oncology ist ein bekanntes Beispiel, das Ärzten hilft, maßgeschneiderte Behandlungsstrategien für Krebspatienten zu entwickeln, indem es Millionen von medizinischen Fachartikeln und Patientendaten analysiert. Diese personalisierten Ansätze können die Wirksamkeit der Behandlung verbessern und Nebenwirkungen minimieren.

Automobilindustrie

Die Automobilindustrie steht vor einem Paradigmenwechsel, angetrieben durch die Fortschritte in der KI-Technologie. Autonome Fahrzeuge sind das prominenteste Beispiel, aber auch andere Anwendungen wie Fahrassistenzsysteme profitieren von KI.

Autonomes Fahren

Unternehmen wie Tesla und Waymo entwickeln selbstfahrende Autos, die auf einer Kombination aus Kameras, LIDAR (Light Detection and Ranging) und KI-Algorithmen basieren, um ihre Umgebung zu verstehen und sicher zu navigieren. Waymo hat bereits eine Flotte autonomer Taxis in Phoenix, Arizona, im Einsatz, die Passagiere ohne menschlichen Fahrer transportieren. Diese Technologien versprechen, die Verkehrssicherheit zu erhöhen und den Komfort für die Nutzer zu verbessern.

Fahrassistenzsysteme

Moderne Fahrzeuge sind mit einer Vielzahl von KI-basierten Assistenzsystemen ausgestattet, die das Fahren sicherer machen. Dazu gehören Spurhalteassistenten, adaptive Tempomaten und Notbremsassistenten. Diese Systeme nutzen Kameras und Sensoren, um die Umgebung des Fahrzeugs zu überwachen und im Notfall einzugreifen. Sie unterstützen den Fahrer und können potenzielle Unfälle verhindern.

Finanzsektor

Im Finanzsektor hilft KI dabei, Risiken zu minimieren, Betrug zu erkennen und bessere Anlageentscheidungen zu treffen.

Betrugserkennung

Kreditkartenunternehmen wie Visa und Mastercard nutzen KI, um betrügerische Transaktionen in Echtzeit zu erkennen. Durch die Analyse von Transaktionsmustern und dem Vergleich mit bekannten Betrugsmustern können verdächtige Aktivitäten sofort identifiziert und blockiert werden. Diese Systeme sind in der Lage, ungewöhnliche Muster zu erkennen und somit Betrug zu verhindern, bevor er größeren Schaden anrichten kann.

Algorithmischer Handel

KI-gesteuerte Handelsalgorithmen analysieren große Mengen an Finanzdaten, um Handelsstrategien zu entwickeln und auszuführen. Diese Systeme können Markttrends und Preisbewegungen vorhersagen und in Sekundenbruchteilen Transaktionen durchführen. Hedgefonds wie Renaissance Technologies nutzen diese Technologien, um überdurchschnittliche Renditen zu erzielen. Der algorithmische Handel ermöglicht eine schnellere und präzisere Reaktion auf Marktveränderungen.

Bildung

KI hat auch das Potenzial, die Bildung zu transformieren, indem sie personalisierte Lernumgebungen schafft und Lehrern hilft, ihre Schüler besser zu unterstützen.

Intelligente Tutoren

Plattformen wie Carnegie Learning und Knewton bieten adaptive Lernsysteme, die sich an die Bedürfnisse jedes einzelnen Schülers anpassen. Diese Systeme analysieren die Leistung der Schüler und passen die Unterrichtsinhalte und -methoden entsprechend an, um das

Lernen effektiver zu gestalten. Sie können Schwächen und Stärken der Schüler identifizieren und gezielte Übungen anbieten.

Automatische Bewertung

KI-Systeme können schriftliche Arbeiten und Prüfungen automatisch bewerten, indem sie die Texte auf Grammatik, Stil und inhaltliche Korrektheit analysieren. Dies spart Lehrern Zeit und bietet den Schülern schnelleres Feedback. Das System Gradescope von Turnitin ist ein Beispiel für eine solche Anwendung. Durch die Automatisierung der Bewertung können Lehrkräfte mehr Zeit für die individuelle Förderung der Schüler aufwenden.

Polizei und Militär

KI spielt eine zunehmend wichtige Rolle in den Bereichen Polizei, Militär und Spezialeinheiten, indem sie bei der Überwachung, Analyse und Entscheidungsfindung unterstützt.

Überwachung und Sicherheit

KI-gestützte Überwachungssysteme können große Mengen an Videomaterial in Echtzeit analysieren, um verdächtige Aktivitäten zu erkennen. Solche Systeme werden in städtischen Überwachungsnetzen eingesetzt, um die öffentliche Sicherheit zu erhöhen. Beispielsweise kann Gesichtserkennungssoftware dazu verwendet werden, bekannte Kriminelle zu identifizieren und in Echtzeit zu verfolgen.

Predictive Policing

KI kann auch bei der Vorhersage von Verbrechen eingesetzt werden. Durch die Analyse historischer Daten und aktueller Ereignisse können KI-Systeme Muster erkennen und Polizeikräfte darüber informieren, wo und wann Verbrechen wahrscheinlich auftreten. Dies ermöglicht eine gezieltere Verteilung der Ressourcen und eine präventive Verbrechensbekämpfung.

Militärische Anwendungen

Im Militär wird KI zur Verbesserung der Effizienz und Effektivität von

Operationen eingesetzt. Autonome Drohnen und Roboter können für Überwachungs- und Aufklärungsmissionen verwendet werden, was die Sicherheit der Soldaten erhöht. KI-gesteuerte Systeme können auch bei der Analyse von Satellitenbildern und der Planung von Militäroperationen unterstützen, indem sie große Datenmengen schnell und präzise auswerten.

Spezialeinheiten

Für Spezialeinheiten kann KI entscheidend sein, um komplexe Missionen zu planen und durchzuführen. KI-Systeme können Informationen aus verschiedenen Quellen zusammenführen und in Echtzeit analysieren, um taktische Entscheidungen zu unterstützen. Dies kann die Effektivität von Einsätzen erhöhen und die Risiken für die beteiligten Einheiten minimieren.

Alltagsanwendungen

KI hat auch Einzug in den Alltag der Menschen gehalten und macht viele alltägliche Aufgaben einfacher und effizienter.

Sprachassistenten

Digitale Assistenten wie Amazon Alexa, Google Assistant und Apple Siri nutzen natürliche Sprachverarbeitung (Natural Language Processing, NLP), um Sprachbefehle zu verstehen und auszuführen. Sie können Nachrichten versenden, Erinnerungen setzen, Musik abspielen und Haushaltsgeräte steuern. Diese Assistenten erleichtern den Alltag und bieten Komfort durch ihre vielseitigen Funktionen.

Empfehlungsdienste

Streaming-Dienste wie Netflix und Spotify nutzen KI, um personalisierte Empfehlungen für Filme, Serien und Musik zu erstellen. Diese Systeme analysieren das Nutzungsverhalten und schlagen Inhalte vor, die den Vorlieben der Nutzer entsprechen. Dadurch wird das Nutzererlebnis verbessert, indem relevante Inhalte bereitgestellt werden.

ZUKUNFTSPERSPEKTIVEN UND VERÄNDERUNGEN

Künstliche Intelligenz steht am Beginn einer tiefgreifenden Transformation unserer Welt. Von der Art und Weise, wie wir arbeiten und leben, bis hin zu den Technologien, die unseren Alltag bestimmen – die Auswirkungen von KI sind weitreichend und vielversprechend. In diesem Kapitel werden wir die potenziellen zukünftigen Entwicklungen, die Chancen und Risiken sowie den Einfluss auf Gesellschaft und Kultur beleuchten.

Potenzielle zukünftige Entwicklungen

Die Fortschritte im Bereich der KI versprechen eine Vielzahl von Innovationen, die unser Leben in den kommenden Jahrzehnten nachhaltig beeinflussen könnten.

Autonome Systeme
Autonome Systeme, wie selbstfahrende Autos und Drohnen, werden zunehmend alltäglich. Diese Technologien könnten nicht nur den Transport revolutionieren, sondern auch die Logistikbranche verändern, indem sie Lieferungen schneller und effizienter machen. In Städten könnten autonome Fahrzeuge den Verkehr optimieren und die Anzahl der Unfälle reduzieren.

Gesundheitswesen

Im Gesundheitswesen könnte KI eine Schlüsselrolle bei der Entwicklung neuer Behandlungsmethoden spielen. Durch die Analyse genetischer Daten und die Simulation von Medikamentenwirkungen könnten personalisierte Therapien entwickelt werden, die auf den individuellen Patienten zugeschnitten sind. KI könnte auch bei der Früherkennung von Krankheiten und der Entwicklung neuer Diagnosewerkzeuge helfen.

Bildung

Die Bildung könnte durch KI personalisierter und zugänglicher werden. KI-gesteuerte Lernplattformen könnten den Lehrplan an die Bedürfnisse jedes Schülers anpassen und somit das Lernen effektiver gestalten. Virtuelle Tutoren könnten rund um die Uhr verfügbar sein, um Schüler zu unterstützen, während Lehrkräfte sich auf die individuelle Betreuung konzentrieren können.

Militärische Anwendungen

Im Militär wird KI bereits zur Verbesserung der Effizienz und Effektivität von Operationen eingesetzt und wird auch in Zukunft eine bedeutende Rolle spielen. Autonome Drohnen und Roboter können für Überwachungs- und Aufklärungsmissionen eingesetzt werden, was die Sicherheit der Soldaten erhöht. Künstliche Intelligenz kann in der Analyse von Satellitenbildern, der Planung von Militäroperationen und der Entscheidungsfindung in Echtzeit unterstützen. Auch die Entwicklung von autonomen Waffensystemen, die ohne menschliches Eingreifen agieren können, wird vorangetrieben, was jedoch auch ethische und rechtliche Fragen aufwirft.

Chancen

Die Chancen, die KI bietet, sind vielfältig und können in nahezu allen Bereichen unseres Lebens positive Veränderungen bewirken.

Effizienzsteigerung

In der Industrie kann KI zur Optimierung von Produktionsprozessen eingesetzt werden. Predictive Maintenance, also die vorausschauende Wartung von Maschinen, kann Ausfallzeiten reduzieren und die

Lebensdauer von Geräten verlängern. Unternehmen wie Siemens setzen bereits heute KI ein, um Wartungsbedarfe vorherzusagen und somit Kosten zu sparen.

Neue Geschäftsmodelle

KI kann die Grundlage für völlig neue Geschäftsmodelle bilden. Plattformen wie Airbnb und Uber haben gezeigt, wie KI-basierte Systeme zur Verwaltung von Angeboten und Nachfragen genutzt werden können. Zukünftig könnten ähnliche Modelle in anderen Branchen entstehen, die durch KI neue Möglichkeiten der Wertschöpfung schaffen.

Nachhaltigkeit

KI kann auch einen Beitrag zur Nachhaltigkeit leisten. Durch die Optimierung von Energienutzung und -verteilung können Smart Grids den Energieverbrauch effizienter gestalten und den CO_2-Ausstoß reduzieren. Unternehmen wie Google nutzen KI, um die Energieeffizienz ihrer Rechenzentren zu verbessern, was nicht nur Kosten spart, sondern auch die Umwelt schont.

Persönliche Möglichkeiten

KI bietet nicht nur Unternehmen und Organisationen Vorteile, sondern kann auch das Leben von Einzelpersonen erheblich verbessern. Personalisierte Gesundheitsüberwachungssysteme, die durch KI unterstützt werden, können dazu beitragen, individuelle Gesundheitsdaten zu analysieren und präventive Maßnahmen vorzuschlagen. Dies ermöglicht eine proaktive Gesundheitsversorgung und hilft dabei, chronische Krankheiten zu verhindern oder frühzeitig zu erkennen.

Im Bereich der persönlichen Finanzen können KI-gestützte Anwendungen helfen, Ausgaben zu überwachen, Einsparungsmöglichkeiten zu identifizieren und maßgeschneiderte Anlagestrategien zu entwickeln. Apps wie Cleo und Digit nutzen KI, um personalisierte Finanzberatung zu bieten und Nutzer dabei zu unterstützen, ihre finanziellen Ziele zu erreichen.

KI-basierte Lernplattformen und virtuelle Assistenten können ebenfalls den Alltag erleichtern, indem sie personalisierte Lerninhalte bereitstellen oder bei der Organisation und Planung von Aufgaben helfen. Dies führt zu einer effizienteren Nutzung der eigenen Zeit und verbessert die persönliche Produktivität.

Risiken

Neben den Chancen gibt es auch erhebliche Risiken, die mit der zunehmenden Verbreitung von KI verbunden sind.

Arbeitsplatzverlust
Ein häufig genanntes Risiko ist der Verlust von Arbeitsplätzen durch Automatisierung. Viele Routineaufgaben könnten von KI-Systemen übernommen werden, was zu einem erheblichen Arbeitsplatzabbau in bestimmten Branchen führen könnte. Studien zeigen, dass Berufe im Bereich der Datenverarbeitung, der manuellen Fertigung und der Logistik besonders gefährdet sind.

Datenschutz und Sicherheit
Die zunehmende Nutzung von KI in allen Lebensbereichen bringt auch Herausforderungen im Bereich des Datenschutzes und der Sicherheit mit sich. KI-Systeme sammeln und verarbeiten enorme Mengen an persönlichen Daten, was zu Missbrauch und Datenschutzverletzungen führen kann. Es ist daher entscheidend, robuste Sicherheitsmaßnahmen und ethische Richtlinien zu entwickeln.

Bias und Diskriminierung
KI-Systeme können bestehende Vorurteile und Diskriminierungen verstärken, wenn sie auf voreingenommenen Datensätzen trainiert werden. Ein bekanntes Beispiel ist der Einsatz von Gesichtserkennungstechnologien, die bei dunkelhäutigen Personen weniger zuverlässig arbeiten. Es ist wichtig, dass KI-Systeme fair und unvoreingenommen gestaltet werden.

Einfluss auf Gesellschaft und Kultur

Der Einfluss von KI auf unsere Gesellschaft und Kultur ist tiefgreifend und komplex.

Veränderung der Arbeitswelt

Die Arbeitswelt wird sich durch die Einführung von KI grundlegend verändern. Während einige Berufe verschwinden könnten, entstehen gleichzeitig neue Berufsfelder, die neue Fähigkeiten und Qualifikationen erfordern. Dies stellt Bildungseinrichtungen vor die Herausforderung, ihre Lehrpläne anzupassen und lebenslanges Lernen zu fördern.

Soziale Interaktionen

KI kann auch die Art und Weise verändern, wie wir miteinander interagieren. Chatbots und virtuelle Assistenten werden zunehmend für Kundendienst und persönliche Assistenz genutzt. Diese Technologien können die Kommunikation erleichtern, aber auch das Risiko der Entfremdung erhöhen, wenn menschliche Interaktionen durch Maschinen ersetzt werden.

Kulturelle Auswirkungen

Die Verbreitung von KI kann auch kulturelle Auswirkungen haben. Künstliche Intelligenz kann Kunst und Kreativität in neue Dimensionen führen, wie etwa durch die Erstellung von Musik, Literatur und bildender Kunst. Dies wirft jedoch auch Fragen nach der Rolle des Menschen in der kreativen Schöpfung und der Authentizität von KI-generierten Werken auf.

BERUFE UND WANDEL

Künstliche Intelligenz wird tiefgreifende Auswirkungen auf den Arbeitsmarkt haben. Während einige Berufe von den Fortschritten in der KI profitieren werden, stehen andere vor dem Risiko, überflüssig zu werden. Dieses Kapitel untersucht, welche Berufe gut davonkommen, welche weniger, und welche neuen Berufsfelder durch die KI entstehen könnten.

Berufe, die von KI profitieren

Einige Berufe werden durch den Einsatz von KI effizienter und effektiver. Diese Berufe profitieren von den neuen Technologien und erweiterten Möglichkeiten, die KI bietet.

Datenwissenschaftler
Datenwissenschaftler sind Experten, die große Datenmengen analysieren und interpretieren, um wertvolle Erkenntnisse zu gewinnen. Mit dem Aufkommen von KI werden ihre Fähigkeiten noch gefragter, da sie in der Lage sind, komplexe Modelle zu erstellen und die Leistung von KI-Systemen zu optimieren. Unternehmen in allen Branchen suchen nach Datenwissenschaftlern, um ihre Datenstrategien zu entwickeln und umzusetzen.

Medizinische Fachkräfte
Ärzte und andere medizinische Fachkräfte profitieren von KI-gestützten Diagnosewerkzeugen und Behandlungsplänen. Durch die

Nutzung von KI können sie präzisere Diagnosen stellen und personalisierte Behandlungen anbieten. Radiologen, die mit KI-Systemen arbeiten, können beispielsweise schneller und genauer Bilder analysieren, was die Qualität der Patientenversorgung verbessert.

IT-Sicherheitsexperten

Mit der zunehmenden Verbreitung von KI steigt auch die Nachfrage nach IT-Sicherheitsexperten. Diese Fachkräfte sind dafür verantwortlich, KI-Systeme vor Cyberangriffen zu schützen und sicherzustellen, dass die Datenintegrität gewahrt bleibt. Sie entwickeln und implementieren Sicherheitsmaßnahmen, die speziell auf KI-Anwendungen zugeschnitten sind.

Berufe, die durch KI gefährdet sind

Auf der anderen Seite gibt es Berufe, die durch Automatisierung und KI bedroht sind. Diese Berufe könnten in den nächsten Jahren erheblich an Bedeutung verlieren oder ganz verschwinden.

Fließbandarbeiter

In der Fertigungsindustrie werden viele manuelle und repetitive Aufgaben zunehmend von Robotern und KI-Systemen übernommen. Fließbandarbeiter, die einfache Montage- und Produktionsaufgaben ausführen, sind besonders gefährdet. Unternehmen wie Tesla und Foxconn setzen bereits heute Roboter in großem Maßstab ein, um ihre Produktionsprozesse zu automatisieren.

Kassierer

Im Einzelhandel wird die Einführung von Selbstbedienungskassen und automatisierten Kassensystemen die Nachfrage nach menschlichen Kassierern verringern. Supermärkte und Kaufhäuser wie Amazon Go experimentieren mit vollständig automatisierten Läden, in denen Kunden ihre Einkäufe ohne menschliche Interaktion abschließen können.

Kundenservice-Mitarbeiter

Viele Aufgaben im Kundenservice, wie die Beantwortung von Standardanfragen und die Bearbeitung von Bestellungen, können von

Chatbots und KI-gestützten Systemen erledigt werden. Diese Technologie verbessert die Effizienz und reduziert die Notwendigkeit für menschliche Mitarbeiter in Callcentern und Kundenserviceabteilungen.

Neue Berufsfelder durch KI

KI wird nicht nur bestehende Berufe verändern, sondern auch neue Berufsfelder schaffen, die spezialisierte Fähigkeiten und Kenntnisse erfordern.

KI-Ethiker
Mit der zunehmenden Verbreitung von KI entsteht das Berufsfeld des KI-Ethikers. Diese Experten beschäftigen sich mit den ethischen Implikationen und Herausforderungen, die der Einsatz von KI mit sich bringt. Sie entwickeln Richtlinien und Standards, um sicherzustellen, dass KI-Systeme verantwortungsvoll und fair eingesetzt werden.

KI-Trainer
KI-Systeme benötigen große Mengen an Trainingsdaten, um effektiv zu lernen. KI-Trainer sind dafür verantwortlich, diese Daten zu sammeln, zu bereinigen und zu annotieren. Sie arbeiten eng mit Datenwissenschaftlern und Ingenieuren zusammen, um sicherzustellen, dass die KI-Modelle präzise und zuverlässig sind.

Robotik-Ingenieure
Die Entwicklung und Wartung von Robotersystemen erfordert spezialisierte Kenntnisse in Mechanik, Elektronik und Informatik. Robotik-Ingenieure sind gefragte Fachkräfte, die Roboter für verschiedene Anwendungen entwerfen, testen und verbessern, sei es in der Industrie, im Gesundheitswesen oder in der Landwirtschaft.

Anpassung an den Wandel

Um den Herausforderungen des sich verändernden Arbeitsmarktes gerecht zu werden, müssen Arbeitnehmer und Bildungseinrichtungen proaktiv handeln. Weiterbildung und Umschulung sind entscheidend, um die Beschäftigungsfähigkeit zu erhalten und den neuen Anforderungen gerecht zu werden.

Lebenslanges Lernen

Lebenslanges Lernen wird immer wichtiger, da sich die Anforderungen an die Arbeitskräfte ständig ändern. Arbeitnehmer müssen bereit sein, sich kontinuierlich weiterzubilden und neue Fähigkeiten zu erwerben. Online-Lernplattformen wie Coursera, edX und Udacity bieten eine Vielzahl von Kursen an, die auf die Bedürfnisse der sich wandelnden Arbeitswelt abgestimmt sind.

Kooperation zwischen Unternehmen und Bildungseinrichtungen

Unternehmen und Bildungseinrichtungen müssen zusammenarbeiten, um relevante Ausbildungsprogramme zu entwickeln. Diese Partnerschaften können sicherstellen, dass die Schulungen den aktuellen und zukünftigen Anforderungen des Arbeitsmarktes entsprechen. Universitäten und Unternehmen wie Google und International Business Machines Corporation (IBM) bieten bereits spezialisierte Programme an, die auf die Bedürfnisse der KI-Industrie zugeschnitten sind.

ETHISCHE ÜBERLEGUNGEN

Die Entwicklung und der Einsatz von Künstlicher Intelligenz (KI) bringen nicht nur technologische und wirtschaftliche Veränderungen mit sich, sondern werfen auch wichtige ethische Fragen auf. Dieses Kapitel untersucht die ethischen Herausforderungen und Dilemmata, die mit der KI einhergehen, sowie die Themen Datenschutz, Privatsphäre, Verantwortung und Rechenschaftspflicht.

Ethische Herausforderungen

KI birgt das Potenzial für große Vorteile, aber auch für erhebliche Risiken. Zu den zentralen ethischen Fragen gehören Fairness, Transparenz und die potenziellen sozialen Auswirkungen der KI.

Bias und Diskriminierung

KI-Systeme können bestehende Vorurteile in den Datensätzen, mit denen sie trainiert werden, verstärken und reproduzieren. Dies kann zu diskriminierenden Entscheidungen führen, beispielsweise bei der Kreditvergabe, der Einstellung von Mitarbeitern oder der Strafverfolgung. Ein bekanntes Beispiel ist der Einsatz von Gesichtserkennungstechnologien, die bei dunkelhäutigen Personen weniger zuverlässig arbeiten. Solche Verzerrungen können Ungerechtigkeiten verschärfen und das Vertrauen in KI-Systeme untergraben.

Transparenz und Erklärbarkeit
Viele KI-Modelle, insbesondere solche, die auf tiefen neuronalen
Netzen basieren, sind für Menschen schwer zu verstehen. Diese "Black
Box"-Eigenschaft stellt ein ethisches Problem dar, da die
Entscheidungen von KI-Systemen nicht transparent und
nachvollziehbar sind. Dies kann das Vertrauen in KI untergraben und
die Verantwortlichkeit erschweren. Es ist wichtig, dass KI-
Entscheidungen erklärbar und für Nutzer nachvollziehbar sind, um
Transparenz und Vertrauen zu gewährleisten.

Datenschutz und Privatsphäre

Der Schutz personenbezogener Daten ist eine der größten
Herausforderungen im Zeitalter der KI. KI-Systeme sammeln und
analysieren große Mengen an Daten, was zu ernsthaften
Datenschutzbedenken führt.

Datensammlung und Überwachung
Unternehmen und Regierungen nutzen KI zur Überwachung und
Analyse von Verhaltensmustern. Diese Technologien können tief in die
Privatsphäre der Menschen eingreifen. Ein Beispiel ist die umfassende
Überwachung in China, wo KI-gestützte Systeme zur
Gesichtserkennung und Verhaltensanalyse eingesetzt werden, um
Bürger zu überwachen und zu kontrollieren. Solche Praktiken werfen
Fragen nach dem Schutz individueller Freiheiten und der Überwachung
auf.

Datenmissbrauch
Die immense Menge an gesammelten Daten kann missbraucht werden,
sei es durch Unternehmen, die die Daten für gezielte Werbung nutzen,
oder durch Hacker, die sensible Informationen stehlen. Der
Cambridge-Analytica-Skandal, bei dem Facebook-Daten ohne
Zustimmung der Nutzer für politische Zwecke verwendet wurden, ist
ein prominentes Beispiel für Datenmissbrauch. Es zeigt die
Notwendigkeit strenger Datenschutzgesetze und
Sicherheitsmaßnahmen.

Verantwortung und Rechenschaftspflicht

Wer ist verantwortlich, wenn ein KI-System versagt oder Schaden verursacht? Diese Frage ist besonders wichtig in Bereichen wie dem autonomen Fahren oder der medizinischen Diagnose, wo Fehlentscheidungen schwerwiegende Konsequenzen haben können.

Autonomes Fahren

Wenn ein selbstfahrendes Auto in einen Unfall verwickelt ist, stellt sich die Frage der Verantwortlichkeit. Ist der Hersteller des Fahrzeugs, der Entwickler der KI-Software oder der Eigentümer des Fahrzeugs verantwortlich? Diese Fragen müssen geklärt werden, um klare rechtliche Rahmenbedingungen zu schaffen und Verantwortlichkeiten festzulegen.

Medizinische Diagnosen

KI-Systeme, die medizinische Diagnosen stellen, müssen äußerst zuverlässig sein. Wenn ein solcher Algorithmus eine falsche Diagnose stellt, kann dies schwerwiegende Folgen für den Patienten haben. Die Verantwortung für diese Entscheidungen muss klar definiert sein, um sicherzustellen, dass Betroffene rechtliche Schritte unternehmen können. Es ist entscheidend, dass medizinische KI-Systeme strenge Tests und Überprüfungen durchlaufen, bevor sie in der Praxis eingesetzt werden.

Ethische Leitlinien und Regulierungen

Um den ethischen Herausforderungen von KI zu begegnen, entwickeln Regierungen, internationale Organisationen und Unternehmen Richtlinien und Regulierungen.

Europäische Union

Die Europäische Union hat sich mit der Datenschutz-Grundverordnung (DSGVO) und dem Vorschlag für ein KI-Regulierungsgesetz stark für den Schutz von Daten und die ethische Nutzung von KI eingesetzt. Die DSGVO legt strenge Regeln für die

Verarbeitung personenbezogener Daten fest und gibt den Bürgern mehr Kontrolle über ihre Daten. Diese Maßnahmen sollen sicherstellen, dass Datenschutzrechte gewahrt bleiben und ethische Standards eingehalten werden.

Unternehmen

Unternehmen wie Google, Microsoft und International Business Machines Corporation (IBM) haben ethische Leitlinien für den Einsatz von KI entwickelt. Diese Leitlinien umfassen Prinzipien wie Fairness, Transparenz und Verantwortlichkeit. Sie verpflichten sich, KI auf eine Weise zu entwickeln und einzusetzen, die den Menschen zugutekommt und Schaden vermeidet. Solche Richtlinien sind wichtig, um das Vertrauen der Öffentlichkeit zu gewinnen und ethische Standards in der KI-Entwicklung zu fördern.

Zukunftsperspektiven

Die ethischen Herausforderungen von KI werden auch in Zukunft relevant bleiben. Es ist wichtig, dass Gesellschaft, Regierungen und Unternehmen zusammenarbeiten, um sicherzustellen, dass KI-Systeme fair, transparent und verantwortungsbewusst eingesetzt werden.

Kollaborative Ansätze

Multidisziplinäre Ansätze, die Ethiker, Technologen, Juristen und Sozialwissenschaftler zusammenbringen, können helfen, die ethischen Fragen der KI besser zu verstehen und Lösungen zu entwickeln. Initiativen wie das Partnership on AI, eine Zusammenarbeit führender Technologieunternehmen und Forschungseinrichtungen, zielen darauf ab, Best Practices für die Entwicklung und Nutzung von KI zu fördern. Solche Partnerschaften sind entscheidend, um ethische Standards zu setzen und die verantwortungsvolle Nutzung von KI sicherzustellen.

WIRTSCHAFTLICHE AUSWIRKUNGEN

Künstliche Intelligenz ist ein bedeutender Motor des wirtschaftlichen Wandels und bietet immense Möglichkeiten zur Steigerung der Effizienz, zur Schaffung neuer Geschäftsmodelle und zur Verbesserung der Wettbewerbsfähigkeit. Dieses Kapitel untersucht den Einfluss von KI auf den Arbeitsmarkt, die Veränderungen in Geschäftsmodellen und die Wettbewerbsvorteile, die durch KI entstehen.

EINFLUSS AUF DEN ARBEITSMARKT

KI verändert die Art und Weise, wie Unternehmen arbeiten und wie Menschen beschäftigt sind. Der Einsatz von KI führt zu einer Verschiebung in den Anforderungen an Arbeitskräfte und beeinflusst verschiedene Branchen unterschiedlich.

Automatisierung von Routineaufgaben
In vielen Branchen übernimmt KI repetitive und zeitaufwendige Aufgaben. In der Buchhaltung zum Beispiel können KI-Systeme Rechnungen automatisch verarbeiten, Zahlungen abgleichen und Berichte erstellen. Dies ermöglicht es den Mitarbeitern, sich auf wertschöpfende Tätigkeiten zu konzentrieren. Unternehmen wie Xero und QuickBooks nutzen KI, um ihre Buchhaltungssoftware effizienter zu gestalten.

Neue Berufe und Qualifikationen

Während einige Arbeitsplätze durch KI überflüssig werden, entstehen gleichzeitig neue Berufe, die spezielle Kenntnisse in der KI-Entwicklung und -Wartung erfordern. Datenwissenschaftler, KI-Entwickler und Robotik-Ingenieure sind nur einige der neuen Berufsprofile, die aufgrund der KI-Nutzung zunehmend gefragt sind. Bildungseinrichtungen reagieren auf diesen Bedarf, indem sie entsprechende Studiengänge und Fortbildungen anbieten.

Veränderungen in Geschäftsmodellen

KI ermöglicht die Entwicklung neuer Geschäftsmodelle und die Transformation bestehender Geschäftsprozesse. Unternehmen nutzen KI, um innovative Produkte und Dienstleistungen zu schaffen, die Kundenbedürfnisse besser erfüllen.

Plattformbasierte Geschäftsmodelle

Unternehmen wie Uber und Airbnb nutzen KI, um Angebot und Nachfrage in Echtzeit zu verwalten. Diese Plattformen verwenden Algorithmen, um Preise dynamisch anzupassen, Verfügbarkeiten zu optimieren und personalisierte Empfehlungen zu geben. Dies schafft neue Wertschöpfungsmöglichkeiten und verbessert die Kundenerfahrung.

Personalisierte Dienstleistungen

Im Einzelhandel nutzen Unternehmen KI, um personalisierte Einkaufserlebnisse zu bieten. Amazon setzt beispielsweise KI-Algorithmen ein, um Produktempfehlungen basierend auf dem bisherigen Kaufverhalten und den Präferenzen der Kunden zu generieren. Diese personalisierten Empfehlungen steigern die Kundenzufriedenheit und den Umsatz.

Wettbewerbsvorteile durch KI

Unternehmen, die KI erfolgreich integrieren, können erhebliche Wettbewerbsvorteile erzielen. Durch den Einsatz von KI können sie effizienter arbeiten, bessere Entscheidungen treffen und schneller auf Marktveränderungen reagieren.

Effizienzsteigerung

KI kann die betriebliche Effizienz erheblich verbessern, indem sie Prozesse automatisiert und optimiert. In der Fertigungsindustrie können KI-gesteuerte Systeme die Produktion in Echtzeit überwachen und Anpassungen vornehmen, um den Materialverbrauch zu minimieren und die Produktionsqualität zu maximieren. Unternehmen wie General Electric nutzen KI, um ihre Fertigungsprozesse zu optimieren und Wettbewerbsvorteile zu erzielen.

Bessere Entscheidungsfindung

Durch die Analyse großer Datenmengen können KI-Systeme fundierte Empfehlungen für Geschäftsentscheidungen geben. Im Finanzsektor nutzen Unternehmen KI, um Marktanalysen durchzuführen und Investitionsentscheidungen zu treffen. Hedgefonds wie Two Sigma und Renaissance Technologies verwenden KI-Algorithmen, um Handelsstrategien zu entwickeln und umzusetzen, die ihnen einen Vorteil auf den Finanzmärkten verschaffen.

Schnelle Reaktion auf Marktveränderungen

KI ermöglicht es Unternehmen, schneller auf Marktveränderungen und Kundenbedürfnisse zu reagieren. Im E-Commerce können KI-Systeme in Echtzeit analysieren, welche Produkte gefragt sind, und das Lager entsprechend anpassen. Dies reduziert die Lagerkosten und stellt sicher, dass die beliebtesten Produkte immer verfügbar sind.

Herausforderungen und Risiken

Trotz der vielen Vorteile bringt die Integration von KI in die Wirtschaft auch Herausforderungen und Risiken mit sich. Unternehmen müssen sicherstellen, dass sie ethische und rechtliche Standards einhalten, um negative Auswirkungen zu vermeiden.

Datenschutz und Sicherheit

Die Nutzung von KI erfordert den Umgang mit großen Mengen an Daten, was Bedenken hinsichtlich des Datenschutzes und der Datensicherheit aufwirft. Unternehmen müssen robuste Sicherheitsmaßnahmen implementieren, um Datenmissbrauch zu verhindern und die Privatsphäre der Kunden zu schützen. Verstöße gegen Datenschutzbestimmungen können erhebliche finanzielle und reputative Schäden verursachen.

Abhängigkeit von Technologie

Eine übermäßige Abhängigkeit von KI-Technologien kann Unternehmen anfällig machen. Technische Ausfälle oder Fehlfunktionen von KI-Systemen können zu erheblichen Betriebsunterbrechungen führen. Unternehmen müssen Strategien zur Risikominimierung entwickeln und sicherstellen, dass sie alternative Verfahren haben, um kritische Geschäftsprozesse aufrechtzuerhalten.

Zukünftige Perspektiven

Die Rolle von KI in der Wirtschaft wird in den kommenden Jahren weiter zunehmen. Unternehmen, die sich frühzeitig auf diese Veränderungen einstellen und KI strategisch einsetzen, können langfristig von den technologischen Fortschritten profitieren.

Zusammenarbeit von Mensch und Maschine

Die Zukunft der Arbeit wird durch eine enge Zusammenarbeit von Menschen und KI geprägt sein. Unternehmen sollten sich darauf konzentrieren, hybride Arbeitsmodelle zu entwickeln, bei denen die Stärken von Menschen und Maschinen optimal genutzt werden. Dies kann zu einer erhöhten Produktivität und Innovationsfähigkeit führen.

Nachhaltigkeit und KI

KI kann auch eine Schlüsselrolle bei der Förderung nachhaltiger Praktiken in Unternehmen spielen. Durch die Optimierung von Ressourcen und die Reduzierung von Abfall können Unternehmen nicht nur Kosten sparen, sondern auch einen positiven Beitrag zum Umweltschutz leisten. KI-gestützte Systeme zur Energieeinsparung und Abfallmanagement sind Beispiele für nachhaltige Anwendungen.

POLITISCHE RAHMENBEDINGUNGEN

Die Einführung und Verbreitung von Künstlicher Intelligenz (KI) hat erhebliche Auswirkungen auf die politische Landschaft weltweit. Dieses Kapitel untersucht die Regulierung und Gesetzgebung im Bereich der KI, nationale und internationale Initiativen sowie die politischen Implikationen der KI-Technologie.

REGULIERUNG UND GESETZGEBUNG

Die rasche Entwicklung von KI erfordert klare und durchsetzbare Regulierungen, um sicherzustellen, dass diese Technologien zum Wohl der Gesellschaft eingesetzt werden. Regierungen auf der ganzen Welt arbeiten daran, geeignete Rahmenbedingungen zu schaffen.

Europäische Union
Die Europäische Union (EU) hat sich stark für die Regulierung von KI engagiert. Der Vorschlag für eine KI-Verordnung, der im April 2021 vorgestellt wurde, zielt darauf ab, ein harmonisiertes Regelwerk für die Entwicklung, Vermarktung und Nutzung von KI innerhalb der EU zu schaffen. Die Verordnung unterscheidet zwischen verschiedenen Risikostufen von KI-Systemen und legt strenge Anforderungen an Hochrisiko-KI fest, wie z.B. Transparenz, Sicherheit und Menschenüberwachung. Diese Maßnahmen sollen sicherstellen, dass KI-Systeme ethisch und sicher eingesetzt werden.

Vereinigte Staaten

In den USA ist die Regulierung von KI bisher eher fragmentiert und weniger umfassend als in der EU. Verschiedene Bundesstaaten haben eigene Initiativen ergriffen, um KI zu regulieren. Kalifornien beispielsweise hat Gesetze zur Regelung der Verwendung von KI im Bereich der Gesichtserkennung und des Datenschutzes eingeführt. Auf Bundesebene gibt es Bestrebungen, umfassendere Regelungen zu entwickeln, um die Vorteile der KI zu nutzen und gleichzeitig die Risiken zu minimieren. Dies zeigt die Notwendigkeit einer kohärenten nationalen Strategie zur KI-Regulierung.

Nationale und internationale Initiativen

Neben der Regulierung auf nationaler Ebene gibt es auch zahlreiche internationale Initiativen, die darauf abzielen, den Einsatz von KI zu fördern und gleichzeitig ihre ethischen und sozialen Auswirkungen zu berücksichtigen.

OECD-Prinzipien für KI

Die Organisation für wirtschaftliche Zusammenarbeit und Entwicklung (OECD) hat Leitlinien für eine vertrauenswürdige KI entwickelt. Diese Prinzipien betonen die Bedeutung von Transparenz, Fairness, Sicherheit und Datenschutz und fordern die Einhaltung ethischer Standards bei der Entwicklung und dem Einsatz von KI-Systemen. Die OECD-Prinzipien wurden von 42 Ländern angenommen, darunter alle OECD-Mitglieder sowie Brasilien, Argentinien und Kolumbien. Diese Prinzipien bieten einen Rahmen für die verantwortungsvolle Nutzung von KI weltweit.

G20-Initiative

Die G20-Länder haben sich darauf geeinigt, eine gemeinsame Strategie für die Entwicklung und Nutzung von KI zu verfolgen. Diese Initiative betont die Notwendigkeit einer internationalen Zusammenarbeit, um die Vorteile von KI zu maximieren und die Risiken zu minimieren. Die G20-Länder haben sich verpflichtet, politische Maßnahmen zu entwickeln, die Innovation fördern, den Zugang zu KI-Technologien verbessern und gleichzeitig ethische und soziale Standards sicherstellen.

Dies zeigt das globale Engagement für eine verantwortungsvolle KI-Entwicklung.

Politische Konsequenzen

Die Einführung von KI hat tiefgreifende politische Konsequenzen, die weit über die Regulierung hinausgehen. Diese betreffen verschiedene Aspekte der Gesellschaft und des globalen Machtgefüges.

Arbeitsmarkt und soziale Gerechtigkeit

Die Automatisierung durch KI kann erhebliche Auswirkungen auf den Arbeitsmarkt haben, indem sie Arbeitsplätze in bestimmten Sektoren gefährdet und gleichzeitig neue Beschäftigungsmöglichkeiten in anderen Bereichen schafft. Politische Entscheidungsträger müssen Strategien entwickeln, um den Übergang zu einer KI-gesteuerten Wirtschaft zu erleichtern und sicherzustellen, dass die Vorteile von KI fair verteilt werden. Dies könnte Maßnahmen wie Umschulungsprogramme, soziale Sicherungsnetze und aktive Arbeitsmarktpolitik umfassen, um die soziale Gerechtigkeit zu fördern.

Sicherheit und Verteidigung

KI spielt eine immer wichtigere Rolle im Bereich der nationalen Sicherheit und Verteidigung. Autonome Waffensysteme, Cyberabwehr und Überwachungstechnologien sind nur einige Beispiele für KI-Anwendungen in diesem Bereich. Die politischen Konsequenzen sind weitreichend und umfassen Fragen der internationalen Sicherheit, der Rüstungskontrolle und der ethischen Nutzung von KI im militärischen Kontext. Regierungen müssen Richtlinien entwickeln, um den Einsatz von KI in der Verteidigung zu regulieren und gleichzeitig internationale Abkommen zu fördern, die den Missbrauch dieser Technologien verhindern.

Datenschutz und Bürgerrechte

Die Nutzung von KI im Bereich der Überwachung und Datenauswertung wirft wichtige Fragen zum Schutz der Bürgerrechte und der Privatsphäre auf. Regierungen müssen ein Gleichgewicht finden zwischen dem Einsatz von KI zur Gewährleistung der öffentlichen Sicherheit und dem Schutz individueller Freiheiten. Dies erfordert klare gesetzliche Rahmenbedingungen und unabhängige Überwachungsmechanismen, um den Missbrauch von Überwachungstechnologien zu verhindern.

Globale Machtverhältnisse

Die Verbreitung von KI-Technologien hat das Potenzial, die globalen Machtverhältnisse zu verändern. Länder, die führend in der Entwicklung und Anwendung von KI sind, können wirtschaftliche und geopolitische Vorteile erlangen. Dies führt zu einem Wettbewerb um technologische Vorherrschaft, der politische Spannungen und neue Formen der Rivalität zwischen Nationen hervorruft. Internationale Zusammenarbeit und Diplomatie sind erforderlich, um eine friedliche und kooperative Nutzung von KI sicherzustellen.

Zukunftsperspektiven

Die politische Landschaft im Zusammenhang mit KI wird sich weiterhin entwickeln, während neue Technologien und Anwendungen entstehen. Regierungen, internationale Organisationen und die Zivilgesellschaft müssen zusammenarbeiten, um sicherzustellen, dass die politischen Rahmenbedingungen den Herausforderungen und Chancen der KI gerecht werden.

Partizipative Politikgestaltung

Eine partizipative Politikgestaltung, bei der Bürger, Unternehmen, Wissenschaftler und andere Interessengruppen in den Entscheidungsprozess einbezogen werden, kann dazu beitragen, dass die Regulierung von KI transparent und inklusiv ist. Durch öffentliche Konsultationen und Dialoge können unterschiedliche Perspektiven berücksichtigt und ein breiter Konsens erreicht werden.

Internationale Zusammenarbeit

Die zunehmende Verflechtung der Weltwirtschaft und der Technologieentwicklung erfordert eine enge internationale Zusammenarbeit bei der Regulierung von KI. Multilaterale Abkommen und gemeinsame Standards können dazu beitragen, die Risiken von KI zu minimieren und ihre Vorteile global zu teilen. Internationale Gremien wie die Vereinten Nationen, die OECD und die G20 können hierbei eine wichtige Rolle spielen, um eine verantwortungsvolle und gerechte Nutzung von KI zu fördern.

FAZIT UND AUSBLICK

Die Künstliche Intelligenz hat das Potenzial, unsere Welt in vielerlei Hinsicht zu transformieren. Dieses Kapitel fasst die wichtigsten Punkte der vorherigen Kapitel zusammen, gibt einen Überblick über zukünftige Forschungen und Entwicklungen und bietet persönliche Einschätzungen und Visionen für die Zukunft der KI.

ZUSAMMENFASSUNG DER WICHTIGSTEN PUNKTE

Einleitung
KI ist dabei, in nahezu jeden Aspekt unseres Lebens einzudringen und hat das Potenzial, unsere Zukunft tiefgreifend zu verändern.

Die Entwicklung der KI
Von den Anfängen in den 1950er Jahren bis zu den modernen Anwendungen in den 2010er Jahren hat KI eine beeindruckende Entwicklung durchlaufen.

Aktuelle Anwendungen von KI
In Bereichen wie Medizin, Automobilindustrie, Finanzsektor, Bildung und Alltagsanwendungen zeigt KI bereits heute ihre Vielseitigkeit und ihren Nutzen.

Wie KI unsere Zukunft verändert
Potenzielle zukünftige Entwicklungen, Chancen und Risiken sowie der Einfluss auf Gesellschaft und Kultur wurden beleuchtet.

Berufe und KI
KI wird den Arbeitsmarkt transformieren, indem sie einige Berufe
überflüssig macht, andere bereichert und neue Berufsfelder schafft.

Ethik und KI
Ethische Herausforderungen, Datenschutz, Privatsphäre und
Verantwortlichkeit sind zentrale Themen im Umgang mit KI.
KI und Wirtschaft: KI verändert Geschäftsmodelle, schafft
Wettbewerbsvorteile und beeinflusst den Arbeitsmarkt erheblich.

KI und Politik
Regierungen und internationale Organisationen müssen klare
Regulierungen schaffen und zusammenarbeiten, um die Chancen und
Risiken von KI zu managen.

Zukünftige Forschung und Entwicklungen

Die Zukunft der KI ist voller Möglichkeiten, die weitere Forschung
und Entwicklungen erfordern. Einige der vielversprechendsten
Bereiche sind:

Quanten-KI
Quantencomputer haben das Potenzial, die Rechenleistung erheblich zu
steigern und komplexe Probleme zu lösen, die für klassische Computer
unlösbar sind. Die Kombination von Quantencomputing und KI
könnte zu Durchbrüchen in Bereichen wie Materialwissenschaft,
Kryptografie und Optimierung führen.

Generalisierte KI
Die Entwicklung von KI-Systemen, die nicht nur in spezifischen
Aufgabenbereichen, sondern allgemein menschenähnliche Intelligenz
zeigen, bleibt ein langfristiges Ziel der Forschung. Diese sogenannte
Generalisierte KI könnte vielseitiger einsetzbar sein und komplexere
Aufgaben bewältigen.

KI und Nachhaltigkeit
KI kann einen wichtigen Beitrag zur Bewältigung globaler
Herausforderungen wie dem Klimawandel leisten. Durch die

Optimierung von Ressourcen, die Verbesserung der Energieeffizienz und die Entwicklung nachhaltiger Technologien kann KI helfen, eine umweltfreundlichere Zukunft zu gestalten.

Möglichkeiten mit KI Geld zu verdienen

Ein spannendes und wachsendes Feld ist die Nutzung von KI, insbesondere durch Plattformen wie ChatGPT, um von zu Hause aus Geld zu verdienen. Hier sind einige Möglichkeiten, wie Sie KI-Technologien einsetzen können, um finanzielle Vorteile zu erzielen:

Content-Erstellung
Mit Hilfe von KI-Tools wie ChatGPT können Sie schnell und effizient hochwertigen Content erstellen. Dies umfasst Blog-Posts, Artikel, Social-Media-Inhalte und mehr. Viele Unternehmen und Einzelpersonen suchen nach solchen Dienstleistungen, und Sie können Ihre Fähigkeiten als Content-Ersteller anbieten.

Freelancing
Plattformen wie Upwork und Fiverr bieten zahlreiche Möglichkeiten, Dienstleistungen im Bereich KI und maschinelles Lernen anzubieten. Sie können als Freelancer Projekte annehmen, die von der Datenanalyse bis hin zur Entwicklung von KI-Modellen reichen.

Bildung und Schulung
Nutzen Sie Ihr Wissen über KI, um Schulungen und Kurse anzubieten. Dies kann in Form von Online-Kursen, Webinaren oder individuellen Beratungen geschehen. Plattformen wie Udemy oder Teachable ermöglichen es Ihnen, Ihre Kurse einer breiten Zielgruppe zugänglich zu machen.

E-Commerce und Dropshipping
KI-Tools können Ihnen helfen, einen erfolgreichen Online-Shop zu betreiben. Von der Produktrecherche über das Marketing bis hin zur Kundenbetreuung – KI kann viele Aspekte des E-Commerce automatisieren und optimieren. Dies spart Zeit und erhöht die Effizienz Ihres Geschäfts.

App-Entwicklung

Entwickeln Sie Apps oder Softwarelösungen, die auf KI basieren. Dies könnte eine App sein, die mithilfe von maschinellem Lernen personalisierte Empfehlungen gibt, oder eine Anwendung, die Geschäftsprozesse automatisiert. Die Nachfrage nach innovativen KI-Anwendungen wächst stetig.

Persönliche Einschätzung

Die Zukunft der KI bietet sowohl enorme Chancen als auch Herausforderungen. Es ist entscheidend, dass wir die technologischen Fortschritte mit Bedacht und Verantwortung vorantreiben. Hier sind einige persönliche Einschätzungen und Visionen:

Mensch-KI-Kollaboration

Die beste Nutzung von KI wird in der Zusammenarbeit zwischen Mensch und Maschine liegen. KI kann Menschen in ihren Fähigkeiten ergänzen, komplexe Probleme lösen und die Effizienz steigern. Es ist wichtig, dass diese Zusammenarbeit fair und transparent gestaltet wird, um das Beste aus beiden Welten zu vereinen.

Bildung und Umschulung

Eine Schlüsselrolle wird der Bildung zukommen. Um die Vorteile von KI voll auszuschöpfen und die Herausforderungen zu bewältigen, müssen wir in Bildung und Umschulung investieren. Lebenslanges Lernen wird entscheidend sein, um die Fähigkeiten der Arbeitskräfte an die sich ändernden Anforderungen anzupassen.

Ethische KI

Die Entwicklung und Nutzung von KI muss ethischen Grundsätzen folgen. Transparenz, Fairness und Verantwortlichkeit sollten im Mittelpunkt stehen. Es ist notwendig, dass ethische Überlegungen von Anfang an in den Entwicklungsprozess integriert werden.

Globale Zusammenarbeit

Die Herausforderungen und Chancen der KI erfordern eine enge Zusammenarbeit zwischen Ländern und internationalen

Organisationen. Gemeinsame Standards und Regulierungen können helfen, die Vorteile von KI global zu teilen und die Risiken zu minimieren. Eine kooperative Haltung wird entscheidend sein, um die Potenziale der KI zum Wohle der Menschheit zu nutzen.

Fazit

Die Künstliche Intelligenz ist eine der bedeutendsten technologischen Entwicklungen unserer Zeit. Sie hat das Potenzial, unsere Welt zum Besseren zu verändern, wenn wir ihre Möglichkeiten verantwortungsbewusst nutzen und ihre Risiken sorgfältig managen. Die Zukunft der KI liegt in unseren Händen, und es liegt an uns, diese Technologie so zu gestalten, dass sie der gesamten Menschheit zugutekommt.